Cornelia A. M. Schäfer

Für Dich

Herzensgedichte

Der Verlag legt großen Wert darauf, daß seine Bücher der alten Rechtschreibung folgen. Die Entscheidung bezieht sich auf die Sinnwidrigkeit der meisten neuen Regeln und darauf, daß sie sich gegen die deutsche Sprache selbst richten.

Gedruckt mit Unterstützung durch die Raiffeisenbank am Flughafen.

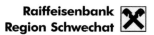

Raiffeisenbank Region Schwechat

Die Deutsche Bibliothek – CIP-Einheitsaufnahme

Schäfer, Cornelia A. M.
Für Dich – Herzensgedichte / Cornelia A. M. Schäfer. –

Wien ; Klosterneuburg : EDITION VA BENE, 2007.

(Gedichte)

ISBN 978-3-85167-205-3

© Copyright by Prof. Mag. Dr. Walter Weiss
EDITION VA BENE
Wien–Klosterneuburg, 2007

E-Mail: edition@vabene.at
Homepage: www.vabene.at
www.cornelia-schaefer.at

Das Werk einschließlich aller seiner Teile ist urheberrechtlich geschützt. Jede Verwendung außerhalb der engen Grenzen des Urheberrechtsgesetzes ist ohne Zustimmung des Verlages unzulässig und strafbar. Das gilt insbesondere für Vervielfältigungen, Übersetzungen, Mikroverfilmungen und die Einspeicherung und Verarbeitung in elektronischen Systemen.

Umschlaggestaltung: Cornelia A. M. Schäfer, Enzersdorf/Fischa
Satz und Druckvorlage: B&R-Satzstudio, Graz
Druck: Druckerei Theiss GmbH, A-9431 St. Stefan

Printed in Austria

ISBN 978-3-85167-205-3

Inhalt

Vorwort 7

ANNÄHERUNG

heute 10
willst du? 11
fühlst du es auch? 12
die nacht davor 13
wenn die stille
erzählt 14
morgen 16
ergeben 17
begründung 18
liebe 19
frage 20
nur 21
heute nacht 22
zweieinhalb
sekunden 23
verewigt 24

LIEBESGLÜCK

la luna 26
verlier dich mit mir 26
schatzkammer 27
auflösen, verschmelzen,
eins werden 28
mein weg an deiner
seite 29
das glück pro
minute 30
ewig neu 31
buchstaben 32
die ewigkeit eines
augenblicks 33
dich 34
beides 35
entscheidung 35
du bist da 36
erinnerung 37
in diesem
moment 38
worte 39
tanz auf dem
regenbogen 40
erwachen 40
wie du bist 41
gegenwart 42
seitenwechsel 42
liebe 43
lebensabschnitts-
partner 44

SEHNSUCHT

der weg hinunter zum meer 46
venedig 46
dieses fleckchen erde 47
wie oft 48
erinnerung 48
wirbelwind 49
immer noch 50
briefe 51
nur einmal noch 52
im laufe der jahre 53
tausend wege 54

HERAUS-FORDERUNG

einbahnstraße 56
du nennst es 56
sehnsucht 57
wer glaubt du zu sein? 58
der alltag 59
zweifel 60
geheimnis 60
soll ich ... 61
jeder schrei 62
relativ 63
rollenspiel 64

vorhang 66
mauern aus eis 66
brav 67
jetzt will ich einfach 68
verbündete 70
hab mich lieb 70
träume 71
verzeih 71

OHNE DICH

ohne dich 74
vorbei 75
frage 76
geständnis 77
lösung 78
ich vergebe dir 79
traumerwachen 80
loslassen 81
triumph 82
leidenschaft 82
deine tränen 83
erschwernis 83
was liebe ist 84
ein hauch der ewigkeit 84
tausend wenn 85
selbstverständlich 85
genug 86
dankeschön 87
es ist gut 88

Vorwort

Schon bei der Lektüre des ersten Gedichtes von Cornelia A. M. Schäfer, konnte ich mich des Gefühls nicht erwehren, sie schon lange zu kennen. Die Gedichte sind ein tiefes Eintauchen ins Leben, und es wird von Gedicht zu Gedicht mehr und mehr ein Eintauchen ins eigene Selbst.

Cornelia A. M. Schäfers Liebesgedichte sind von hoher Musikalität, die mir besonders gefällt. Ihre Liebes-Lieder, so will ich sie nennen, sind voll Liebe und Lust, Lust und Leid, von klarer Schlichtheit, von dramatischer Kraft. Vertonen müßte man sie, einen Liederzyklus machen!

Wie Refrains wirken oft die Schlußreime eines Gedichts, volksliedhaft kehren sie wieder, verknappen sich, verlieren da und dort ein Wort – und schon verändert sich alles. Eine neue Welt tut sich auf. Ein unwiederbringlicher Kairos-Moment ist da. Die reduzierten Sätze, die Satz-Torsi werden zu Metaphern, die lange noch nachschwingen.

Jeder, der diese Gedichte in einem Zug liest, kann sich dem Sog dieser Liebesgeschichte nicht mehr entziehen. Ihre Authentizität ist fast beklemmend und aufregend. Das Werden und Wachsen der Liebe, der Zenit des Glücks, das Neigen des Schicksals – und man weiß zunächst noch nicht genau wohin.

Lesen und erleben Sie selbst diesen weiten Bogen von der ersten Annäherung, über das herrlich wilde bezwingende Kapitel Liebesglück bis hin zum goethischen „Stirb und Werde": „Und wenn du das nicht hast, dieses Stirb und Werde, bist du nur ein trüber Gast auf der dunklen Erde."

Ein trüber Gast auf Erden will Cornelia A. M. Schäfer keinesfalls sein. Abgesehen davon, daß dies ihr durchsonntes Wesen gar nicht zuließe, hat sie sich auf ihren ureigensten Werde-Weg gemacht. Dies spürt man bei jeder persönlichen Begegnung, und ich bin überzeugt, daß sie diesen Weg weitergeht.

Ihr wünsche ich auf diesem Wege viel Glück, und uns Lesern wünsche ich, daß sie noch viele weitere Gedichte von so kraftvoller Poesie schreibt, wie sie hier in ihrem ersten Gedichtband vorliegen.

Prof. Adelheid Picha,
Theater in der Josefstadt, Wien

Annäherung

heute

zerstöre
nicht den zauber,
der sich zwischen uns
gesponnen hat

mit ängsten
aus dem gestern
und fragen
nach dem morgen

zerstöre
nicht den zauber,
der mein herz
mit deinem verwoben hat

das gestern
hat noch nichts gewußt
von heute

und der morgen
entsteht erst
aus dem
jetzt

willst du?

willst du mich auch?
willst du mich auch fühlen?
in meinen worten?
meinen blicken?
in meinen hoffnungen?
und ängsten?

willst du mich auch genießen?
mit deinen augen?
deinen händen?
deinen lippen?

willst du mich auch?
willst du mich?
willst du?

fühlst du es auch?

*fühlst du auch
diese vertrautheit zwischen uns?*

*fühlst du auch
diese sehnsucht nach mehr?*

*fühlst du auch
so viel mehr
als du glauben kannst?*

die nacht davor

*wie wird es dir ergehen
heute nacht?
nun, da wir beide wissen,
daß es ein morgen geben wird,
daß wir beide
ein morgen wollen
ein morgen,
das ein uns verspricht
wie wird es dir ergehen
heute nacht
mit all deinen gedanken
deinen hoffnungen
deiner sehnsucht?
wie wird es dir ergehen
heute nacht?*

wenn die stille erzählt

horch
hörst du die stille
der nacht?
hörst du
wie sie
deinen namen flüstert
immer
und immer wieder?

horch
und werde ganz still
denn so kannst du
mein herz klopfen hören
während jeder
atemzug
deinen namen haucht

horch
in die stille der nacht
und laß dich
in dir versinken
dort werde ich
dich erwarten
mit offenen armen
und bebendem herzen

nachts
wenn die stille erzählt
lauschen
die herzen derer,
die sich
sehnen und lieben

nachts
wenn die stille erzählt ...

morgen

nur noch ein paar stunden
und ich werde dir
nahe sein –
ganz nahe

dir ganz alleine
ganz nahe sein
nur du
und ich

tausend hoffnungen
beginnen sich zu sammeln
und schweben wie leuchtende
herzen durch meine gedanken

tausend fragen
regen sich
und blinken als kleine fragezeichen
zwischen all den herzen hervor

morgen
nur noch ein paar stunden
dann wird all mein hoffen
jeder frage antwort sein

morgen ...

ergeben

*gut,
ich ergebe mich*

*ich ergebe mich
meiner sehnsucht*

*mein verstand
streckt seine waffen*

*und streut rosenblätter
auf meinen weg
zu dir*

begründung

bitte frage mich nicht –
frage mich nicht
nach einem grund
einer erklärung
einer logischen begründung
bitte frage mich nicht

denn damit
weckst du vor allem
meinen verstand
und der weiß ohnehin,
daß es unlogisch ist –
all mein gefühl für dich
und meine sehnsucht

bitte frage mich nicht
nach einem grund
es gibt keinen –
zumindest
keinen logischen

liebe

verzeih
wenn ich von liebe rede
verzeih
ich will dich
nicht
erschrecken

doch ist mein innerstes
überströmend
überglücklich
erfüllt
von all dem gefühl
für dich

ich habe
ein anderes wort gesucht
lange
und doch
immer wieder nur
dies eine gefunden –
liebe

frage

darf ich dich berühren?
darf ich meine hand ausstrecken
und dein gesicht berühren?
darf ich dich berühren?
mit meinen fingern
meinen lippen
darf ich dich berühren?
dich entdecken?
dich
mit allem
was du bist?

nur

nur eine nacht,
meinst du?
meinst du wirklich
nur?
verzauberte
drei
und
vierzig
tausend
zwei
hundert
sekunden
einer einzigen nacht
und jede sekunde
birgt die ewigkeit
in sich
was meinst du mit
nur ...?

heute nacht

du bist ein mann
und ich bin frau –
mit leib und seele

laß uns
den zaubertrank
aus dem kristall
der liebe kosten –
schluck für schluck

und so dem geheimnis
auf die spur kommen,
das ewig und unergründlich
sich offenbart –
wieder und wieder

laß uns
die liebe trinken
aus dem glas,
das sehnsucht heißt –
heute nacht

zweieinhalb sekunden

nur zweieinhalb sekunden
haben wir uns ohne maske gezeigt
ohne zögern, ohne angst

nur zweieinhalb sekunden
haben wir uns geöffnet
vorbehaltlos

nur zweieinhalb sekunden
hat nichts gezählt
außer uns beiden

nur zweieinhalb sekunden –
sie haben alles verändert
für dich und mich

verewigt

es ist geschehen
diese unsere nacht
ist heute geschichte
jeder augenblick
jeder gedanke
jedes wort
und jeder kuß
hat sich
in meinem
lebensbuch
verewigt –
kostbar
wundervoll
tief –
in goldenen
buchstaben
auf strahlend
weißem stoff

Liebesglück

la luna

la luna
kennt das geheimnis
zwischen himmel und erde
und sie kennt auch
das geheimnis unserer herzen
bei nacht
doch sie schweigt
und lächelt so wie du

verlier dich mit mir

komm
küß mir die tränen aus den augen
und schenk meiner angst deinen mut
hüll meine einsamkeit in deine wärme
und finde dich mit mir
in uns

komm ...

schatzkammer

verborgener schatz
inmitten meiner kammer

das bist du mir
du, die ich liebe
mit all meiner sehnsucht
mit all meinem sein

du
mein verborgener schatz

der in mir wohnt
inmitten meines herzens
inmitten meiner kammer

du
mein verborgener schatz

auflösen, verschmelzen, eins werden

... nur einen augenblick noch
genießen
fühlen
ertrinken in deinen augen
und dann
nachgeben
unserer lust
uns forttragen lassen
verschmelzen
eins werden
auflösen in nichts
und dann gemeinsam
zurückkommen
auf diese erde
in unser bett
zu dir
zu mir ...

mein weg an deiner seite

und plötzlich ward es licht
es wurde hell
es wurde warm

ich fühlte herrlich mich
in deinem arm
allein dein dasein
schenkte frieden meinem herz
und ließ vergessen
jeden schmerz

und plötzlich ward es licht
es wurde hell
es wurde warm

die liebe wuchs beständig
jahr für jahr
so sag ich heut
aus vollem herzen dir:
der weg an deiner seite
bedeutet glück und freude mir

das glück pro minute

sie können nicht verstehen,
daß du es bist
mit dem ich lachen möchte
wenn ich glücklich bin
und bei dem ich trost finde
wenn tränen in mein leben fließen

sie können nicht verstehen,
daß du es bist
bei dem ich mich zu hause fühle
und mit dem ich wachsen möchte
an meinem leben und deinem

sie können nicht verstehen,
daß du es bist
in dessen armen ich abends
einschlafen möchte
um morgens in genau diesen zu erwachen

sie können nicht verstehen,
weil sie harmonie nach kalendertagen messen
und nicht am gleichklang der seelen

sie können nicht verstehen,
weil sie falten zählen pro jahr
und nicht das glück pro minute

ewig neu

das ewig neue
geheimnis
unserer liebe
zeigt sich

verborgen
in aller offenheit
im lichte der
dunkelheit

nachts
wenn wir
noch lange nicht
schlafen

und doch
längst schon
nicht mehr
wach sind –

du und ich

buchstaben

nur buchstaben
nichts weiter
nur buchstaben
aneinander gereiht

doch gemeinsam
ergeben sie
den wunderbarsten klang
in meinen ohren
das wärmste glücksgefühl
in meinem herzen
und zaubern
ein weiches lächeln
auf mein gesicht

gemeinsam
ergeben sie ...
deinen namen

die ewigkeit eines augenblicks

komm,
nimm mich mit
in das land voller
leichtigkeit und freude

komm,
nimm mich mit
in das land voller
liebe und glück

komm,
nimm mich mit –
für die ewigkeit eines augenblicks

dich

ich möchte
dich umarmen
mit meiner liebe
dich liebkosen
mit meiner seele
dich schmecken
mit meinen händen
dich trinken
mit meinen augen
dich atmen
mit meinem mund
dich genießen
mit meinem herzen
dich umhüllen
mit meiner weiblichkeit
dich lieben
dich
mit allem
was du bist

beides

verlieren –
mich an dich

und
gleichzeitig
finden –
dich und mich
in uns ...

entscheidung

aus freiem willen
willenlos
mich
dir
jetzt
hingeben
vollkommen
ohne nichts
und
mit absolut
allem

du bist da

nun bist du endlich da
endlich bei mir
ganz bei mir
ganz nahe

ich fühle dich
meine hände
streicheln
dein gesicht
deine haare

ich küsse
deine augen
deine lippen
sauge deinen duft
in mich ein

und lebe ...

erinnerung

und
wenn nichts
mir bliebe
als die
erinnerung
an uns
und
unsere liebe
ich würde
selbst
das nichts
aus den
händen geben –
und dich
in meinem
herzen
bewahren

in diesem moment

ich schließe meine augen
und
atme dich
rieche dich
schmecke dich
und mein herz
ist erfüllt
von liebe
und glück
und
mein körper
brennt voll
sinnlicher lust
und all das
obwohl du
so weit bist
so weit entfernt bist
von mir
jetzt
in diesem moment

worte

weißt du,
ich kann das glück,
das ich empfinde,
daß wir beide
uns gefunden haben,
nicht in worte kleiden

es läßt sich nicht
in das enge korsett
normaler worte
verpacken

doch auch für meine ängste
dich eines tages
zu verlieren
gibt es keine sprache

zumindest
keine gesprochene sprache –
aber meine augen
erzählen davon
wenn du still wirst
und bereit bist zu lauschen

tanz auf dem regenbogen

komm,
laß uns
auf dem regenbogen
tanzen
während wir
unsere sonne
auf den nachtblauen
himmel zaubern
zwischen sternen
und wolken

erwachen

die nacht
hat ihre spuren
hinterlassen –
in deinem gesicht
deinen haaren

verlegen
versuchst du
zu ordnen –
du streichst
und zupfst

wie schön du bist,
denke ich mir –
genau so
genau jetzt ...

wie du bist

zu laut seiest du
und auch zu still
zu wild
und doch zu schüchtern
zu fröhlich
aber auch zu ernst –
endlos die liste,
die du dir vorwirfst

siehst du nicht,
daß du nur du bist,
wenn du alles bist
was du bist?

wenn ich sage
ich liebe dich
meine ich alles
und nicht nur
einen teil

ich liebe dich
dich
so wie du bist
einfach
dich

gegenwart

nicht für immer
aber
jetzt

nicht für die ewigkeit
aber
für diesen augenblick

und für diesen
und
diesen
und
diesen ...

seitenwechsel

sieh doch einmal
durch meine augen
in deinen spiegel

siehst du
wie schön
du bist?
wie unbeschreiblich
schön
und wunderbar

sieh doch einmal
durch meine augen
in dein herz

liebe

manchmal
kommt mir alles,
was ich dir geben kann,
so gering vor
im vergleich zu dem,
was ich von dir bekomme
jeden tag, jede minute

manchmal
wünschte ich mir
tausend neue ausdrucksformen
dir meine liebe zu zeigen
dich spüren zu lassen
was du mir bedeutest

doch immer wieder
reduzieren sich meine worte
schlicht auf drei:
ich liebe dich

lebensabschnittspartner

abschnitt?
du?
mir?
warum?
woher der schnitt?
und wohin?
wozu schneiden?
und was?

ich sehe dich an
und fühle

du bist mir
weder
ab
noch
schnitt
du bist mir
leben

Sehnsucht

der weg hinunter zum meer

der weg hinunter zum meer
wird mir immer in erinnerung bleiben
so wie die sonne auf meinem gesicht
und der wind in meinem haar
dein lachen an meinem ohr
deine dunklen augen
und dein mund
an meinem

venedig

venedig erzählt
von vielem
wenn du
genau hinhörst
und bereit bist
zu lauschen
venedig erzählt auch
von dir
und von mir
auch
wenn es uns
längst
nicht mehr gibt
dich
und mich

dieses fleckchen erde

manchmal
frage ich mich
ob du noch an dieses
fleckchen erde denkst
in dem uralten haus
der kleinen wohnung
mit der matratze auf dem boden,
die mir der himmel schien
jedes mal
wenn du die decke
für mich aufhieltst
und die glut
deiner augen
mir die glut
deines herzens
verriet
noch bevor ich
von deiner leidenschaft
mitgerissen wurde
in ein land
voller liebe
und wärme
und nähe
und glück
immer
und
immer wieder

wie oft

wie oft muß ich dich noch küssen
um endlich genug von dir zu haben?
wie oft muß ich noch deinen atem trinken
um endlich ausgetrunken zu haben?
wie oft muß ich dich noch berühren
um endlich nichts mehr dabei zu empfinden?
wie oft muß meine hoffnung noch enttäuscht
werden
bis sie endlich begreift, daß es keine mehr gibt?
wie oft ...?

erinnerung

auch damals war es kalt
und dicke schneeflocken
fielen vom himmel
als ich voll
innerer sehnsucht
und glühendem herzen
den langen weg
durch einsames land
und laute straßen
antrat
um nach unzähligen stufen
in deine arme zu eilen
und zu leben
um für augenblicke
zu leben
und zu lieben

wirbelwind

*schmetterlinge
in meinem bauch*

*ihre zarten flügeln
flattern
während sie sich
aufgeregt
die neuigkeit
zuflüstern*

*du
bist wieder
in der stadt
sagen sie*

*und das kribbeln
wird stärker
erfaßt mich
reißt mich mit
und trägt mich
zu dir*

immer noch

immer noch
setzt mein herzschag
für einen moment aus
wenn ich glaube
dich in der menge
zu erkennen

immer noch
leuchten meine augen
wenn aus der tiefe
meines herzens
dein bild ersteht –
unvermutet

immer noch
wärmt mich die erinnerung
an dich
und unsere gemeinsame zeit
wenn mich fröstelt
und ich mich einsam fühle

immer noch
denke ich an dich
und hoffe ...

briefe

ich hab sie immer noch –
deine briefe
nicht viele sind es
nur ein paar

ich hüte sie
wie einen schatz
in meinem herzen

sie tragen eine rote schleife
und verströmen
den süßen duft
von rosen
und glück

nur einmal noch

nur einmal noch
dein haar berühren
deine wange
deinen mund

nur einmal noch
deine hände spüren
und den glanz
deiner augen genießen

nur einmal noch
unsere liebe fühlen
und leben
und glücklich sein

nur einmal noch ...

im laufe der jahre

es hat sich nichts verändert
nichts
nicht in all den jahren

das gleiche gefühl
wenn sich unsere blicke treffen
die gleiche freude
wenn dein name mich umfängt
das gleiche zittern
wenn deine hand meine berührt

es hat sich nichts verändert
weißt du
absolut nichts

tausend wege

tausend wege führen nach rom
und tausend wege führen zu dir
kaum habe ich das gefühl
endlich den weg
weg von dir gefunden zu haben
merke ich
nach tausend schweren schritten,
daß es wieder mal
nur ein umweg war –
mit dem ewig gleichen ziel
du

Herausforderung

einbahnstraße

ich hab genommen
deine liebe
ohne zu fragen
was du brauchst
ich nahm sie an
und wurde stärker –
dann stand ich auf
und ging davon

du nennst es ...

du nennst es diplomatisch
ich nenne es verlogen

du nennst es selbstbewußt
ich nenne es arrogant

du nennst es erwachsen
ich nenne es kalt

deshalb habe ich angst
wenn du von liebe sprichst

denn vielleicht ist deine liebe
nichts weiter
als lust

sehnsucht

ich habe sehnsucht
nach unserer zweisamkeit
nach diesem kleinen kostbaren etwas,
das nur unseren namen trägt

ich habe sehnsucht
nach jenem ort wo es
nur dich und mich gibt –
ganz ohne denken und geschäftiges tun

ich habe sehnsucht –
sehnsucht
nach dir

wer glaubst du zu sein?

wer glaubst du zu sein?
woher nimmst du die wahrheit?

du glaubst ich verstehe nichts von lust
nur weil ich von liebe rede

du glaubst ich verstehe nichts vom meer
nur weil ich dem ozean meinen respekt zolle

du glaubst ich bin naiv und kindlich
nur weil ich eine einfache sprache wähle

du glaubst, ich bin eine schwache frau
nur weil ich mich meiner gefühle nicht schäme

wer glaubst du zu sein
mich in ein vorgefertigtes raster zu gliedern
nur weil dein horizont nicht bis zu meiner sonne reicht?

wer glaubst du zu sein?

der alltag

es ist nicht der job
es sind nicht die kinder
und auch nicht die eltern
es sind nicht die kollegen
und nicht der haushalt
es sind nicht die aufgaben
und auch nicht die enttäuschungen

deshalb fürchte nicht den alltag
sondern fürchte unsere unbewußtheit
mit der wir unserem leben nachgehen

fürchte nicht den alltag –
denn der alltag
das sind wir

zweifel

illusion oder wahrheit?
prüfung oder erfüllung?
des teufels list oder göttliches geschick?

tausend fragen – keine antwort

keine antwort,
die sich nicht
gleich
im nächsten moment
selbst
infragestellt
und belächelt

geheimnis

deine freundlichen blicke
können dein geheimnis nicht verbergen
und auch dein schlechtes gewissen
können sie nicht verstecken
denn es blitzt hervor
unbemerkt von dir
sucht sich seinen weg
durch deine augen
mitten in mein herz
bemühe dich nicht
um vertraute freundlichkeit
sie verrät dich mehr
als dir lieb ist

soll ich ...

soll ich dich verstehen
in deinem grenzenlosen egoismus?
soll ich dich entschuldigen
für deine selbstsucht?
soll ich dich bedauern
für deine oberflächlichkeit?
manchmal tue ich das –
doch mein herz
läßt sich nicht täuschen ...

jeder schrei

jeder schrei, den ich mir verwehrte,
verhallt in meinem herzen – lautlos
und betäubt es stück für stück

jeder schlag, der dich verschonte,
wehrt sich und trommelt
von innen an meine brust

jedes wort, das vornehm ich verschwieg,
treibt kranke spiele in meinem kopf
und mich in den wahnsinn

jedes lächeln, das mein mund dir zeigt,
verhüllt die ungeweinten tränen,
die mich ertränken – nach und nach

jede wut, die ich mir verbot,
brennt in mir wie lava
und erstickt den letzten rest an stolz

jeder schrei ...

relativ

sag nicht ja
wenn dein herz
nein mir zuruft

sag nicht vielleicht
wenn längst in dir
ein ja beschlossen ist

sag nicht später
wenn in deinem kopf
ein nie gewißheit ist

sag nicht ja
wenn nein du meinst

rollenspiel

ich hab es satt so brav zu sein
wie du mich gerne hättest
kannst du nicht sehn, daß ich nur bin
die hälfte meines wesens?

nicht nur die hälfte ich mich nenn
sogar ein viertel ist zu viel
ich sage dir jetzt unverblümt
das ist nicht mehr mein spiel

ich steig nun aus aus dieser bahn,
die du für mich erkoren
bleib du nur drin – ich will nicht mehr
fast wäre ich erfroren

denn nur die stille brave frau
willst du dein eigen nennen
ich hust dir was, ich spei es aus –
mein feuer will nun brennen

und dieses feuer hätt ich dir
voll liebe gern gegeben
doch du, du hattest angst davor
du wolltest es mir nehmen

so wie der krug, der einmal bricht,
und auch der letzte tropfen
das faß zum überlaufen bringt –
mein glauben ist gebrochen

ich pfeif nun auf das rollenspiel
und werde wieder, die ich war
ob es dir paßt nun oder nicht
das spiel ist aus – hurra! hurra!

vorhang

vielleicht zeigst du mir
eines tages
einen augenblick
dein wahres gesicht

vielleicht schenkst du mir
eines tages
einen blick
hinter die kulisse deines vorhanges

oder ist die distanzierte höflichkeit
dein wahres gesicht
und der vorhang
die gesamte bühne deiner selbst?

mauern aus eis

komm,
nimm mein herz
in deine hände
und wärme es
damit das eis
zu schmelzen beginnt,
das es wachsen ließ
um sich zu schützen
vor dir und deiner kälte

brav

du hast verzichtet
auf dich und deine sehnsucht
weil du gut bist
und brav
und ganz kopf

du hast verzichtet
auf dich und deine liebe
weil es tausend gründe gibt,
die es dir
verbieten

doch gib acht,
daß sich dein herz
nicht eines tages
auf die suche macht –
ganz ohne dich ...

jetzt will ich einfach

morgen
werde ich wieder
weise sein
und verständnisvoll
und voller liebe

aber heute
heute
bin ich einfach
erfüllt von schmerz
und wut
und gekränktem stolz

heute
will ich
jeder träne
jedem aufschrei in mir
seinen platz zugestehen
und meinem stolz
seinen raum lassen
heute

danach
werde ich
mit den tausend scherben
und taschentüchern
meinen kummer entsorgen
meine wunden pflegen
und heilen lassen
indem ich sie
mit liebe salbe

aber jetzt –
jetzt
möchte ich einfach …

verbündete

die vage hoffnung
nimmt die wunde enttäuschung
an der hand
und macht sich
aus dem staub –
wortlos und würdevoll

hab mich lieb

klug rede ich
von weisheit
und vertrauen
klug rede ich
von toleranz
und raum geben
klug rede ich
zu dir
doch all das
ist nur
die halbe wahrheit
denn eigentlich
tobt gerade jetzt
in mir
ein sturm
voller panik und angst
und etwas
schluchzt unentwegt:
hab mich lieb

träume

*wie oft
habe ich
davon
geträumt
dich wieder zu sehen*

*und nun
da du vor mir stehst
laufe ich
meinen träumen hinterher –
und dir davon …*

verzeih

*verzeih
wenn du kannst
verzeih
wenn du willst
verzeih
wenn du liebst
verzeih –
ohne
wenn
und
aber*

Ohne Dich

ohne dich

jahre
tage
stunden
minuten ...

unendlich lange
viel zu lange
schon
nicht
mit dir
gewesen
zu sein

und doch
keinen
einzigen
augenblick
ohne dich ...

vorbei

es ist vorbei
dieses es,
das nie ein es war
und doch ist

es ist vorbei
dieser zauber, der stark genug war
mich zu fesseln
doch zu schwach dich zu halten

es ist vorbei
dieser traum eines augenblicks,
der ewig schien
und doch kürzer war als ein atemzug

es ist vorbei
dieses es, das kein es war
und doch noch ist

frage

vielleicht
war dein verzichten auf mich
die wahre liebe
und mein dich-haben-wollen
reiner egoismus

vielleicht
aber war mein dich-haben-wollen
reine liebe
und dein verzichten
nichts weiter als angst

geständnis

geh
schrie dein mund –
kalt und unnachgiebig

bleib
schluchzte dein herz –
zitternd und flehend

warum hast du
es nicht gesagt –
damals
als es noch
etwas
ändern
hätte können

lösung

das band löst sich –
was vorher
hoffnungslos
verknotet
schien
läßt sich
plötzlich
los
löst sich
ganz von alleine –
nun
da wir beide
endlich
aufgehört haben
mit aller kraft
an beiden
enden
zu ziehen

das band löst sich ...

ich vergebe dir

ich vergebe dir
all die dinge,
die nie geschehen sind,
und all die worte,
die ungesagt blieben,
all die augenblicke,
die ungenützt verstrichen
ich vergebe dir,
daß du nicht so bist
wie ich es so sehr wünschte
ich vergebe dir –
und ich vergebe mir
nun lasse ich endlich
meinen schmerz los
j e t z t
während ich
gedanken
reiner liebe
in mein herz
pflanze
und frieden
wachsen lasse

traumerwachen

vielleicht sollte ich
traurig sein
nun
da wir einander
aus den armen
geglitten sind

vielleicht sollte ich
traurig sein
nun
da unsere unendlichkeit
der endlichkeit
verstohlen
platz machte

vielleicht sollte ich
traurig sein
nun
da unser traum
ein ende fand

vielleicht sollte ich
traurig sein –
doch
es gelingt mir nicht
vor lauter
freude darüber
endlich
wach zu sein ...

loslassen

ich lasse dich gehen
auch wenn es weh tut
ich lasse dich deinen weg gehen
auch wenn er ein anderer ist als meiner
ich lasse dich dein glück finden
auch wenn es weit entfernt ist von meinem
ich lasse dich gehen
und behalte doch
den horizont im auge
für den fall,
daß dein weg dich
zu mir führt
eines tages
ich lasse dich gehen

triumph

der triumph,
daß du mir doch nicht
widerstehen kannst,
ist der einsamkeit gewichen,
die sich breitmacht
in meinem leben
seit du die tür
hinter dir
geschlossen hast

leidenschaft

ist die leidenschaft zu groß
um sich gegen die dornen zu schützen,
die die rosen deiner umarmung
in meinem herzen unweigerlich hinterlassen?
ist die leidenschaft zu groß
oder die erinnerung zu schwach ...?

deine tränen

*ich spüre deine tränen
in meinem hals
sie sitzen wie ein kloß
und schnüren mir die kehle zu
nehmen mir den atem
und ertränken mein herz*

erschwernis

*manchmal frage ich mich
ob es leichter wäre
eine tote liebe
zu leben
als die lebendige liebe
in mir
zu begraben*

was liebe ist

ich weiß nicht was liebe ist
vielleicht ist es etwas wie heimat
zu hause sein können
sich fallen lassen
in das gefühl
von wärme und geborgenheit

wenn das liebe ist
habe ich die liebe verloren
und meine heimat
mein zu hause
dich ...

ein hauch der ewigkeit

... und wirklich
nie wieder ?

wirklich nie wieder
deine nähe spüren,
deine wärme,
deine liebe?
wirklich
nie wieder?

ich fühle einen hauch
der ewigkeit –
aber er ist kühl

tausend wenn

und doch
wünschte ich,
daß du mir eines tages
deine liebe schenkst –
ohne wenn und aber
auch
wenn
tausend aber
tausend wenn
begleiten ...

selbstverständlich

es wird weitergehen
ohne dich
auch ohne deine wärme, deine liebe

es wird weitergehen
ohne dich
selbstverständlich

ich weiß nur noch nicht
wie ...

genug

jetzt ist es genug
genug der tränen und der einsamkeit
genug der sinnlosigkeit und trauer

jetzt ist es genug
genug der angst
und der schwäche

ich werde nun
die überreste
meiner würde und kraft
zusammenkramen
sie bündeln und
wieder aufstehen
und weitergehen

mit geradem blick
und festem rücken
und einem lächeln
auf den lippen
und einem herzen,
das hofft und liebt –
trotz allem

jetzt ist es genug

dankeschön

*ich danke dir
für diese stunden mit dir
zu wenig waren sie
ja
aber unvergleichlich schön*

*ich danke dir
für die liebe,
die du in mir erweckt hast,
auch wenn du nun
genau davor zurückweichst*

*es war wunderschön
ein paar augenblicke
dich leben zu dürfen
es war wunderschön
jede sekunde war
diese tausend tränen wert,
die nun mein herz erfüllen*

*nimm sie mit –
meine liebe für dich
als mantel
wenn du frierst
vielleicht
irgendwann*

es ist gut

es ist gut
wirklich
es ist gut
wie es ist
auch wenn es anders ist
als ich erhoffte
mit meinem
liebend herzen

es ist gut
wirklich
zerbrich dir nicht
den kopf
über meine tränen
sie werden trocknen
gewiß
und mein herz
wird wieder lachen
eines tages

es ist gut
wirklich
sieh einfach nur geradeaus
und gehe deinen weg
wohin er dich auch führt
es ist gut
wie es ist
wirklich

Cornelia A. M. Schäfer
Für Dich – Herzensgedichte

Für Dich,
liebe Ewa ......
...... und deinen
Herzens-Mensch
an deiner Seite!

Weihnachten 2022

Ingrid